Piccola Biblioteca del Sorriso

*A Lisetta
Giuliano*

GIULIANO

CORONEIDE

l'amore al tempo del corona virus

Due parole prima di iniziare

Durante la pestilenza del 1348 un gruppo di amici si radunò e trascorse in isolamento il tempo del contagio raccontandosi delle storie per ingannare il tempo. Così, almeno stando alla testimonianza di ser Giovanni Boccaccio.

Analogamente, nell'anno del signore 2020, inchiavardato ope legis nel suo studiolo a Campi Bisenzio, giusto per ammazzare il tempo (che alle persone ci ha già pensato il covid), l'autore si è isolato raccontando a modo suo, cioè con delle vignette, la vita (e l'amore) ai tempi del corona virus.

Qualcuno forse si domanderà: con tutto quello che è successo, è lecito ridere del corona virus?

Noi si pensa di sì, e non per infischiarsene o farsi beffe della tragedia che si è vissuta, ma perché con una risata la prospettiva può cambiare e lo sguardo verso la vita diventare positivo, la risata può essere, insomma, un antidepressivo naturale (privo di effetti collaterali) che migliora il benessere psicofisico. E di questo oggi, probabilmente, c'è tanto bisogno.

Ciò premesso, caro lettore, sperando che il corona virus non ti abbia mai sfiorato, né abbia a farlo in futuro e, se lo ho fatto, che ciò oggi sia ormai solo un ricordo, ti auguriamo una buona lettura... ma attenzione, perché anche la risata può essere contagiosa.

L'editore

IL RE È NUDO (MA CON LA MASCHERINA)
di Alberto Severi

Lei è nuda, lui pure. Entrambi, non proprio al massimo della forma fisica, diciamocelo (d'altronde, oh: è Giuliano, mica Manara), con pance, ciocce e sessi penduli e sfioriti. I due stanno in piedi, in faccia l'uno all'altra. Più della metà del volto occultata dalla fatale "chirurgica". «Togli la mascherina», dice lei, «e se mi accorgo che non sei mio marito, mi rimetto le mutande».

Voilà. Les jeux sont faits. È *l'Amore al tempo del Covid* secondo Giuliano Rossetti, in arte, per l'appunto, Giuliano. Il decano – o giù di lì: classe 1935 – dei vignettisti italiani, firma storica di *Ca balà* e del *Male*, di *Cuore*, e poi di *Repubblica*, del *Corriere* e di innumerevoli altre testate, che nel 2020 bisesto e funesto, per titolare la sua raccolta di vignette-*instant book* non si perita di ricorrere per intero alla parafrasi del titolo del romanzo di Gabriel Garcia Marquez, abusata a metà, da centinaia di cronisti semi-còlti in centinaia di pezzi giornalistici "al tempo del coronavirus".

"Al tempo del corona virus", nemichevolmente Covid-Sars 19, per Giuliano, è difatti proprio l'Amore il centro del satireggiare. Il Re è nudo, ed essendo nudo *lo* fa, sebbene poco e male (e con la mascherina). Perché da maledetto toscano, seguace più che del Petrarca platonico *malgré-lui*, e dei suoi sospiri in odor di autoerotismo, piuttosto del Boccaccio, dei suoi boccacceschi *risi e bisex* – e del resto non fu proprio il Certaldese a indicar la strada del lockdown creativo e divertente col suo *Decamerone*, ovverossia l'Amore al tempo della Peste Nera? –, da novello Boccaccio pennino e acquerello-munito – indefessamente, anche "al tempo di photoshop" – Giuliano rifugge l'idillio melenso tre metri sopra il cielo, il lucchetto sul Ponte Milvio o il Ponte Vecchio, e disegna sogghignando fra i peli canuti della barbaccia da vecchio satiro l'amore tutto di carne anzi di ciccia, magari un po' frollo e stagionato, eppure non scevro da ciniche tenerezze, ché pure nell'abitudine alberga talvolta una certa dimessa poesia.

E così: «Ottavio, hai dimenticato la mascherina!», grida la sempiterna Altra-Metà di Ottavio, che coabita da decenni col sempiterno partner le vignette coniugali del Nostro. E lo fa inseguendo a terra il povero Ottavio che, in volo, ghermito fra gli artigli di un avvoltoio, sta passando guai con cui l'evanescente mascherina avrà ben poco potere di profilassi.

E, a proposito di profilattici... Nella vignetta di copertina, illustrativa del titolo, ecco ancora due mascherine infilzate su due alti steli di code-di-gatto a rivelare, nascosta nel sottostante giaciglio-separé vegetale, una coppia intenta a fare sesso in camporella. Laddove un tempo, a cose fatte, si poteva scorgere perlappunto un paio di condom srotolati (se Ottavio era in forma, si capisce: oggi ne basterebbe e ne avanzerebbe uno, perché l'artrite sconsiglia il sesso in camporella, e la menopausa toglie in parte motivazioni al condom).

La mascherina-profilattico indossata, in una vignetta che vale un logo pubblicitario, perfino dalla Cupola del Brunelleschi è, del resto, la protagonista assoluta di questa raccolta di vignette giulianesche. Affascinato dall'oggetto-feticcio, simbolo icastico e un po' maniacale della pandemia, nonché tormentone dei nostri giorni difficili, Giuliano immagina baci "mascherati" che paiono una citazione medicalizzata dei celebri amanti incappucciati di Magritte, si fa portavoce dei timori di "noi brutti" per il "dramma" della futura fine dell'obbligo di mascheratura naso-buccale, mette di nuovo faccia a faccia con le loro loffie nudità Ottavio & consorte, segnalando l'assenza del suddetto obbligo per il "pisello", ove il termine non va ovviamente inteso nel suo senso letterale, quanto in quello metaforico e sessuale.

Certo, l'emergenza-Covid è stata ed è tutt'ora e lo sarà chissà ancora quanto a lungo, un dramma globale, e una tragedia per tanti. Se ne può ridere a cuor leggero? Forse no, a essere rispettosi e politicamente corretti. Ma non si può chiedere a un satiro, toscano per di più, e campigiano per esagero, sia pure addolcito negli anni, e reso persino affettuoso verso le sue "vittime", di stare zitto e buono nel recinto del politicamente corretto e del rispettoso.

Qua, da noi, etruschi più che greci o latini, si ride anche nella tragedia e, entro certi limiti, della tragedia: la beffa postuma mischia il riso alle lacrime negli Amici Suoi del defunto Perozzi, in sparuto corteo dietro il feretro.

E così Giuliano osa far dire, cinicamente, a uno dei suoi omini che la barba svela come plausibile alter ego dell'Autore: «Diciamoci la verità: per noi che siamo sopravvissuti questa pandemia è stata una meravigliosa avventura!». Mentre a un altro, che lamenta la lontana militanza del figlio fra i pericoli della guerra: «Mio figlio è in Afghanistan», l'interlocutore replica: «Beato te; il mio è in Lombardia».

La satira è satira, non c'è cristi. Cioè, anzi. Ci sono, ci sono... Perché, come ciliegina sulla torta, Giuliano non può fare a meno di sfornare per l'occasione l'ennesimo episodio della sua pluridecennale saga dei Gesù crocifissi panciuti e autoironici, che qualche guaio giudiziario gli provocarono ai tempi del *Male*. E lo fa, dotando ovviamente Cristo in croce e i ladroni ai suoi lati di mascherine d'ordinanza, col commento sconsolato, fra sé e sé, del Nazareno: «Che Pasquaccia!». Una Pasqua ai tempi del Covid, si capisce.

FASE 1

NEI PRIMI TEMPI LE MASCHERINE
ERANO INTROVABILI

MASCHERINA ARTIGIANALE FATTA CON GLI STRACCI
(PROGETTO PRATESE)

I BACI DURANTE LA FASE UNO

I SELFIE AI TEMPI DEL COVID

E QUANDO HAI VOGLIA DI FUMARE. COME FAI?
FUMO ALLA SARDA, CON LA PARTE ACCESA DENTRO LA BOCCA
2020 GIULIANO

LA PORTI UN TAMPONE A FIRENZE...

CHE PASQUACCIA!
2020 GIULIANO

MIO FIGLIO È IN AFGHANISTAN
BEATO TE. IL MIO È IN LOMBARDIA
2020 GIULIANO

SECONDINO, NIENTE ORA D'ARIA?
NO. IL CORTILE È TROPPO PICCOLO PER FAR RISPETTARE LE DISTANZE
2020 GIULIANO

L'ANACORETA

QUARANTANOVE CHILOMETRI
LA FARMACIA PIÙ VICINA PER
SENTIRMI DIRE CHE LE
MASCHERINE ERANO FINITE
2020 GIULIANO

OTTAVIO, LA MASCHERINA!
2020 GIULIANO

HASCHERINA TOTALE

REPARTO MATERNITÀ
AL TEMPO DEL CORONAVIRUS

MASCHERINA PER NEONATI

MATERNITÀ

MA QUESTA MASCHERINA DOVE L'HAI COMPRATA ?
A DISNEYLAND
2020 GIULIANO

2020 GIULIANO

OTTAVIO, LA MASCHERINA
TI RINGIOVANISCE.
DOVRESTI NON TOGLIERTELA PIÙ
2020 Giuliani

QUANDO VERRÀ IL
MOMENTO DI TOGLIERCI
LE MASCHERINE, PER NOI
BRUTTI SARÀ UN DRAMMA

2020 GIULIANO

PARE CHE DOPO SAREMO MIGLIORI!
ALLORA NON MI PICCHIERAI PIÙ QUANDO RIENTRO A CASA UBRIACO?
SCORDATELO
2020 GIULIANO

I SEMENZI SI FANNO VENIRE IL CIBO A CASA
2020 GIULIANO

CHE I CANI NON SIANO
CONTAGIATI DAL
CORONAVIRUS NON
È DIMOSTRATO
2020 GIULIANO

CORONEIDE

NON CI SONO MASCHERINE PER CANI E HO DOVUTO SOSTITUIRLA CON LA MUSERUOLA
STR...!
2020 GIULIANO

PERCHÉ LA MUSERUOLA ANZICHÉ LA MASCHERINA?
VOI CANI NON TRASMETTETE IL VIRUS MA IL MORSO
2020 GIULIANO

PER NOI CANI CASALINGHI
IL CORONAVIRUS NON HA
CAMBIATO NIENTE, SIAMO
STATI I SOLI A POTER USCIRE
TRE VOLTE AL GIORNO SENZA
MASCHERINE NÉ GUANTI

2020 GIULIANO

MESI AFFACCIATO ALLA FINESTRA IN ATTESA DI ESSERE INQUADRATO DALLE TELECAMERE. MA SE NON SEI UN VIP NON TI CACA NESSUNO.
2020 GIULIANO

SONO QUASI SCOMPARSI I DELITTI IN FAMIGLIA
FORSE PERCHÉ ERA IMPOSSIBILE ANDAR FUORI A PROCURARSI UN ALIBI
2020 GIULIANO

TI
FIDI
DI
LORO?
SÌ, SONO
PORTATORI
SANI
2020 GIULIANO

PER DARE DIMOSTRAZIONE DELLA SUA POTENZA, HA PRIVILEGIATO LA REGIONE PIÙ RICCA: LA LOMBARDIA
AL POSTO DEL VIRUS AVREI FATTO LO STESSO
2020 GIULIANO

MA NON LO SA CHE
E`PROIBITO ANDARE
IN GIRO SENZA LA
MASCHERINA?
2020 GIULIANO

OTTAVIO, IN CASA ABBIAMO SOLO TRE CHILI DI FARINA SCADUTI E NON POSSIAMO USCIRE. C'È DA FIDARSI A FARCI LA PIZZA?
MA SÌ, IN TEMPO DI COVID BISOGNA ASSUEFARSI AL RISCHIO
2020 GIULIANO

PERCHÉ LA MASCHERINA ANCHE NOI?
IL VIRUS POTREBBE VENIRE ANCHE QUASSÙ ATTRAVERSO IL BUCO NELL'OZONO
2020 GIULIANO

FASE 2

INIZIO FASE 2

2020 GIULIANO

PADRE, ANCHE L'ANGELO
CUSTODE DEVE RISPETTARE
LA DISTANZA?
2020 GIULIANO

OTTAVIO, E ORA DI QUESTI OTTANTASETTE LITRI DI AMUCHINA CHE SONO RIMASTI, CHE NE FACCIAMO?
LI METTO IN GARAGE. NON SI SA MAI

OTTAVIO, MI PIACEVI DI PIÙ CON LA MASCHERINA
2020 GIULIANO

CON LA FASE 2, IL 27% DEI MARITI USCITI PER FARE LA PRIMA PASSEGGIATA NON HA FATTO PIÙ RITORNO
2020 GIULIANO

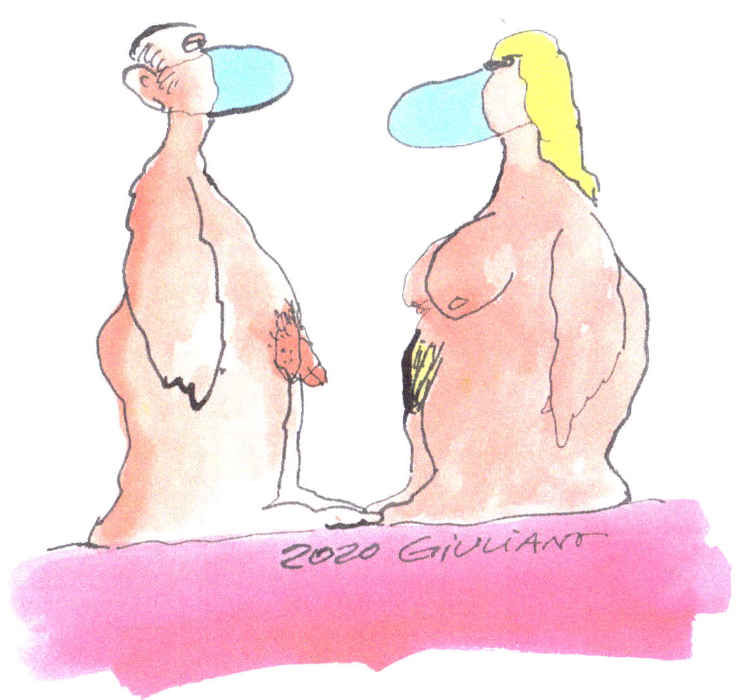

TOGLI LA MASCHERINA
E SE MI ACCORGO CHE NON
SEI MIO MARITO MI
RIMETTO LE MUTANDE
2020 GIULIANO

OTTAVIO LA
MASCHERINA
SUL PISELLO
NON È PREVISTA

2020 GIULIANO

AMORI AI TEMPI DEL COVID

GIOVANNA, SE DEVO
STARTI A UN METRO
E MEZZO VADO A
DORMIRE SUL
COMODINO

2020 GIULIANO

UNA GALOPPATA ALLE CASCINE

RIAPRONO LE AZIENDE DEL LUSSO
EVVIVA! POTRÒ FARMI LA MASCHERINA GRIFFATA
2020 GIULIANO

IN FABBRICA SI DEVE STARE A UN METRO E OTTANTA DI DISTANZA
QUI AL BAR DI QUANTO?
2020 GIULIANO

OTTAVIO, A 85 ANNI SEI A RISCHIO. COSA USI AL POSTO DELLA MASCHERINA?
MI TOCCO
2020 GIULIANO

ALL'INIZIO DELLA FASE 2 È USCITO PER FARE LA PRIMA PASSEGGIATA E NON È PIÙ RIENTRATO
2020 GIULIANO

CORONEIDE

BISOGNA STARE ALLA DISTANZA DI UN METRO
A UNA YARDA VALE LO STESSO?
2020 GIULIANO

SE IL TAMPONE È NEGATIVO VUOL DIRE CHE IL COVID NON CE L'HAI
MA PER QUANTO TEMPO VALE?
FINO AL PROSSIMO TAMPONE
2020 GIULIANO

IL MOTIVO PER CUI LE FABBRICHE HANNO APERTO PRIMA DEI NEGOZI?
UBI MAIOR, MINOR CESSAT
2020 GIULIANO

SPERIAMO CHE
CI SIANO ANCHE
LE MASCHERINE
2020 GIULIANO

FASE 3

CORONEIDE

PER NOI ITALIANI CHE SIAMO DEI PATITI DELLE ECCEZIONI, SEGUIRE LE REGOLE SARÀ DURA
2020 GIULIANO

LA RIPARTENZA

È INIZIATA LA RIPARTENZA
SÌ, MA DA CHE PARTE SI DEVE ANDARE?
2020 GIULIANO

DOMANI RIAPRE IL TEATRO LIRICO
CON QUALE OPERA?
UN BALLO IN MASCHERA, DI GIUSEPPE VERDI
?!
2020 GIULIANO

OTTAVIO, FINALMENTE
POSSIAMO RICOMINCIARE
A USCIRE
PERÒ OGNUNO
PER CONTO
PROPRIO
2020 GIULIANO

SI TORNA AL LAVORO.
POTREMO RICOMINCIARE
LA NOSTRA VITA DI PRIMA
E SAI CHE BELLEZZA
2020 GIULIANO

LA COSA PIÙ TERRIBILE
È STATA DORMIRE PER
TRE MESI CON LO
STESSO UOMO
2020 GIULIANO

HO TROVATO MIA MOGLIE
A LETTO CON L'IDRAULICO,
E TUTTI E DUE SENZA LA
MASCHERINA. ROBA DA
NON CREDERSI

2020 Giuliano

MI HA ATTACCATO IL VIRUS
E IO, PER RAPPRESAGLIA
GLI HO INCENDIATO IL
MOTORINO
!
2020 GIULIANO

OTTAVIO, FINITA LA PANDEMIA DOBBIAMO RICOMINCIARE A RILITIGARE COI CONDOMINI
2020 GIULIANO

CROCIERE AL TEMPO DEL CORONAVIRUS

È DIFFICILISSIMO FARE UN CALENDARIO CHE SODDISFI TUTTI
OGGI DI GENTE COME GREGORIO XIII NON NE NASCE PIÙ
2020 GIULIANO

A PORTE CHIUSE E
DIVIETO ASSOLUTO
DEL GIOCO A UOMO
2020 GIULIANO

MI STIA DISCOSTO,
NON VEDE CHE
GIOCO A ZONA?

SE VUOI MARCARMI
A UOMO METTI LA
MASCHERINA
2020 GIULIANO

IL CALCIO AI TEMPI DEL COVID

MI STIA DISCOSTO. NON
LO SA CHE PURE I
PERSONAGGI DELLE
VIGNETTE DEVONO
RISPETTARE LA DISTANZA
DI ALMENO UN METRO?

2020 GIULIANO

IL TRIKINI
MODELLO CORONA

OTTAVIO, FINITO IL
CONTAGIO CI TOCCHERÀ
DI RIFARE PACE CON QUASI
TUTTI I CONDOMINI

2020 GIULIANO

MI SA CHE PER I PATITI
DELLA DISPERAZIONE
IL DOPOCOVID SARÀ
UNA MANNA

2020 GIULIANO

HO PERSO TUTTO.
MI SONO RIMASTE SOLO
LE MASCHERINE
2020 GIULIANO

OTTAVIO, CON LA FASE TRE TI SENTIRAI PIU TRANQUILLO?
SVEGLIAMI ALLA FASE DIECI
2020 GIULIANO

DUE MESI E MEZZO
SENZA FARTI LE
CORNA. DOVRESTI
RINGRAZIARE
IL VIRUS
!
2020 GIULIANO

OTTAVIO DOVRESTI RINGRAZIARMI
PER COSA?
PER NON AVERTI FATTO RICOVERARE AL TRIVULZIO
2020 GIULIANO

PER LA CONFESSIONE
SI DEVE RISPETTARE
LA DISTANZA DI
UN METRO E MEZZO
2020 GIULIANO

RE MAGI 2020

MODE DEL DOPO COVID

IL BACIAGOMITO AL POSTO
DEL BACIAMANO

NATO TROPPO TARDI PER FARE LA RESISTENZA, TROPPO PRESTO PER FARE IL SESSANTOTTO, MA FINALMENTE L'ETÀ GIUSTA PER PRENDERE IL COVID E NON L'HO PRESO. UN'INTERA ESISTENZA MANDATA A PUTTANE
2020 GIULIANO

LE FIABE DEL NONNO

QUELLI DELLA MOVIDA
SI SONO FATTI LA
CONVINZIONE CHE
IL COVID NON SI
ATTACCA AGLI IDIOTI

2020 GIULIANO

SORPRESO
SENZA LA
MASCHERINA
2020 GIULIANO

E QUANDO IL PERICOLO
SARÁ SCOMPARSO, LE
MASCHERINE DOVREMO
TOGLIERCELE TUTTE O
PER GRADI?
2020 GIULIANO

UN GIORNO QUESTA PANDEMIA FINIRÀ
E RIMARRANNO OVUNQUE DISCARICHE DI MASCHERINE
2020 GIULIANO

FINALMENTE SI PUÒ RICOMINCIARE A MUOVERCI
STAI ATTENTO A NON ANDARE A SBATTERE CONTRO UN NUOVO FOCOLAIO
2020 GIULIANO

PRIMA DEL COVID NON SI STAVA BENE. PRESUMO CHE DOPO SI STARÀ ANCORA PEGGIO
CI TOCCHERÀ RIMPIANGERE I TEMPI IN CUI SI STAVA MALE?
2020 GIULIANO

DICIAMOCI LA VERITÀ,
PER NOI CHE SIAMO
SOPRAVVISSUTI, QUESTA
PANDEMIA È STATA
UNA MERAVIGLIOSA
AVVENTURA
2020 GIULIANO

DUBBIO FINALE

LA PANDEMIA SARÀ FINITA SOLO CON L'ULTIMA VIGNETTA SUL VIRUS
2020 GIULIANO

Indice

Il detenuto n. 35, alias Pietro, è un uomo sornione, pacioccone, un abile affarista, ma soprattutto un maestro nella vecchia nobile arte dell'arrangiarsi, sempre pronto a trarre qualcosa di buono anche dal tanto di cattivo che gli passa davanti.

Rassegnato a vivere in un Paese che assomiglia sempre più a una galera e in una galera che tanto assomiglia al nostro Paese, Pietro sa prendere il mondo per il suo verso, perché cambiarlo è operazione difficile, ardua, forse vana.

Dalla vulcanica penna di Giuliano un surreale ritratto in strip, tutto da ridere, della vita in carcere.

Varie ed eventuali non tanto e non solo per la varietà dei temi e degli spunti, vera e propria misticanza di riflessioni; ma soprattutto per quella messa in conto dell'eventualità che esclude in anticipo ogni pretesa di indispensabilità. Ciò che rende gradito e fors'anche prezioso l'aforisma è infatti proprio questo suo non essere assolutamente indispensabile. Che ci sia o no la vita non cambia. In qualsiasi modo lo si voglia denominare (aforisma, massima, epitaffio, calembour e via dicendo), questa scrittura breve trova la propria ragion d'essere nell'intensità folgorante, nel baleno pirotecnico che squarcia l'ovvio, il consueto, l'assodato e propone giochi diversi e inattesi. Ma per quanto leggero, inseguitore di sorrisi e per ciò stesso apparentemente fatuo, esso ha in sé una costitutiva autorevolezza che lo distingue dalla semplice battuta.

Eroi, boss, numeri uno: nomi diversi per indicare persone, o forse cose, diverse. I nostri personaggi - realmente esistiti o soprattutto inventati - sono quotidiani compagni di strada, metafore che ci aiutano a decodificare il presente e renderlo sopportabile, punti di riferimento della memoria o più semplicemente stampelle per la fantasia. Compagni di strada ai quali è comodo appoggiarsi quando si è stanchi o delusi dalle persone cosiddette "normali". Ricordandoli per filastrocche, una per ciascuno, a cui segue una breve noterella erudita, l'autore li ha messi in fila per ordine alfabetico, come nell'elenco dei compagni di classe nel registro della maestra: Alice è quella carina del primo banco, Superman svolazza lungo i corridoi, Robin Hood ruba le merendine dai cestini, Napoleone è in castigo dietro la lavagna e Pierino... beh Pierino è il solito pierino.

Finito di stampare nel mese di luglio 2020
da Rotomail Italia S.p.A.
Printed in Italy